LE LIVRE

DE LA PIANISTE

ET DU PLAIN-CHANT.

PARIS, IMP. DE SCHILLER AINÉ, 11, RUE DU FAUB. MONTMARTRE.

LE LIVRE
DE LA PIANISTE

ET

DU PLAIN-CHANT,

PAR EUGÈNE WOESTYN.

PARIS

CHEZ PLOCHE, LIBRAIRE-ÉDITEUR,

5, Place de la Bourse.

1852

LE LIVRE
DE LA PIANISTE
ET
DU PLAIN-CHANT.

CHAPITRE Ier.

DU PIANO.

Quel effet produiraient aujourd'hui le modeste clavecin et l'aigre épinette de nos pères au milieu du déluge de pianos dont nous sommes inondés : pianos droits, pianos carrés, pianos à queue, sans compter les pianos-billards, les pianos-toilettes, les pianos-commodes, les pianos-Gibus, les pianos-parapluies ; car nous jouissons de tout cela, à notre époque d'invention.

Après six mille ans, l'imagination humaine a bien le droit d'être fatiguée, et ne sachant plus créer du neuf, confectionne cette denrée dont nous sommes tous friands, à l'aide de deux vieilleries, en vertu de ce principe :

Deux négations valent une affirmation.

Seulement, ces pauvres vieilleries avaient encore une utilité telle quelle dans leur isolement, tandis qu'il résulte de leur accouplement une espèce d'amphibie qui n'est ni souris ni oiseau, et ne sert absolument à rien.

Au moment d'esquisser la monographie du piano, une grave appréhension s'empare de nous.

Etait-il donc si nécessaire de développer ce fléau cent fois plus terrible et plus néfaste que le choléra-morbus et la tragédie ? Est-il donc un coin où cet instrument,

> Présent le plus funeste
> Qu'ait pu faire aux humains la colère céleste.

n'ait pas pénétré ? Nous en doutons : depuis la soupente du concierge jusqu'à la mansarde de l'ouvrier, on entend bourdonner son monotone clapotement, et si les propriétaires n'avisent promptement, Paris est menacé d'une désertion générale des anti-pianistes, désertion non moins fatale que ne le fut celle des protestants après la révocation de l'édit de Nantes. Aussi, dans l'intérêt général, croyons-nous devoir nous arrêter au bord de l'abîme, et en faire mesurer la profondeur à nos lectrices. Notre ami J. Lemer, qui nous lit par-dessus notre épaule, nous dicte les lignes suivantes que nous transcrivons d'autant plus volontiers qu'en nous évitant un travail, elles vous procureront un plaisir.

LES PIANISTES.

Où cela s'arrêtera-t-il ? me disais-je depuis longtemps. Les hommes ne comprendront-ils pas bientôt qu'il y a pour eux quelque chose de mieux à faire que d'apprendre à taper sur un piano ? et je me demandais si ce ne serait pas une bonne et louable action que de leur faire connaître ce que les honnêtes gens et les gens sensés pensent de MM. les pianistes?

Cependant, j'espérais que l'excès du mal pourrait amener la guérison ; qu'un beau jour, en se comptant et en se voyant si nombreux, tous, d'un commun accord, se chercheraient des professions au moins aussi honorables et un peu plus utiles, afin de renoncer au piano, à ses touches et à ses pédales. Et, à chaque nouveau pianiste qui montrait ses agiles doigts à l'horizon du monde des doubles croches, je sentais mes idées *pianophobes* et mon indignation me monter au cerveau. Le jour, je pensais à la disgracieuse silhouette d'un pianiste quelconque, assis devant son odieux instrument; mes pensées de la journée se traduisaient, la nuit, en horribles cauchemars, et je croyais écrire en lettres de feu, sur la table d'un piano, un article plein de fiel qu'Euterpe elle-même, la muse de la musique, semblait me dicter.

A mon réveil, je m'asseyais souvent devant mon bureau, et j'écrivais le titre et les premières phrases de l'article; puis, la raison me revenant, je m'arrêtais en me disant : « Il serait peut-être cruel d'attaquer violemment toute une classe d'artistes qui n'ont pas d'autres moyens d'existence ; les parents comprendront avant peu qu'il y a assez de pianistes, et si quelques-uns persistent à donner à leurs filles un talent d'agrément, au moins ne laissera-t-on plus de jeunes garçons s'engager dans cette voie funeste; » et je me décidais à attendre.

Mais, cette année, l'abus a atteint des proportions si immenses, qu'on ne peut vraiment prévoir ni où, ni comment il s'arrêtera. Non seulement il nous pleut de toutes parts de grands, de médiocres et de petits pianistes; mais j'entends dire partout, à mes côtés : «Mon fils apprend le piano; il montre beaucoup de dispositions; je veux en faire un Liszt, un Thalberg, un Meyer, et pour cela je lui fais abandonner le grec, le latin, le français, il saura toujours bien assez de littérature, quand il donnera des concerts à 10,000 fr. par soirée, et recevra des décorations, des diamants et des tabatières de tous les souverains d'Europe. »

Qu'arrivera-t-il, pour peu que cela continue? Dans un temps donné, il sera devenu impossible de trouver des soldats, des écrivains, des industriels, des avocats, des médecins; tous les hommes, à l'âge de vingt ans, seront de grands pianistes: seulement, comme il est rare qu'un pianiste veuille entendre un autre pianiste, chacun jouera pour soi. Nous serons comme ce pays qui produisait tant de diamants, qu'on négligea de cultiver la terre, et qu'un beau jour la population entière fut menacée de mourir de faim au milieu de ses richesses immenses. Alors, ce sera sans doute aux femmes que l'on confiera le soin de garder nos places fortes, de labourer la terre et de nous gouverner, car les femmes, plus raisonnables que nous, abandonneront assurément les premières l'empire du piano, en le voyant ainsi envahi par les hommes.

Cela est plus sérieux et plus grave qu'on ne pense. Sans considérer les désastreuses conséquences où cette marche peut nous conduire dans l'avenir, voyez déjà où nous en sommes maintenant. Nous comptons plus de trente pianistes célèbres à divers degrés, donnant des concerts et vivant de leur talent. Je ne veux pas me livrer à une nomenclature complète, ma mémoire n'y suffirait pas, mais laissez-moi vous citer seulement quelques noms : MM. Liszt, Chopin, Thalberg, Doehler, Léopold de Meyer, Billet, Prudent, Nap. et Ch. V. Alkan, Hallé, Chollet, H. Herz, Lecombe, J. Herz, Ravina, Goria, Erhmann, Schad, Wilmers, Dreyschock, Rosellen, Rosenhain, Osborne, Kalkbrenner, Zimmermann, de

Kontski, Sowinski, Laurent Batta, etc. J'en passe sans doute et des plus importants, et néanmoins cette liste, où il n'est pas question de l'innombrable multitude des professeurs de piano, ne vous paraît-elle pas déjà effrayante? Tous ces pianistes, je les ai entendus, presque tous ont joué cette année, ont donné des concerts et ont réuni chacun au moins trois cents personnes, qui les ont applaudis et les ont proclamés grands. Moi aussi, je les ai applaudis, car, pour la plupart, ils ont un véritable talent, et je n'en ai été que plus affligé. Comment, tous ces hommes à qui Dieu a peut-être donné une grande intelligence, une âme élevée, ces hommes ont employé les plus belles années de leur vie à exercer l'agilité de leurs doigts sur des touches d'ivoire, et ils ont laissé en friche leur âme et leur intelligence. Quelle différence faites-vous, au fond, entre cet exercice des doigts et l'exercice de tous les membres pratiqué par les athlètes forains : il n'y en a qu'une, c'est que les pianistes travaillent dans le monde, dans des salons magnifiquement éclairés et garnis de jolies femmes bien parées, tandis que les faiseurs de tours de force se montrent à un public moins distingué et à meilleur marché; pour moi, qui regrette de voir négliger les exercices du corps, et qui voudrais que tout, chez les enfants, les membres comme le cœur et l'intelligence, tendît à prendre de la force et à se perfectionner, j'avoue que je ne serais pas éloigné d'avoir une préférence pour les travaux gymnastiques.

S'il était vrai encore qu'il résultât, comme on le dit, de cette fièvre de piano, quelque chose pour l'art musical, je serais le premier à applaudir aux progrès des exécutants. Mais, dites-moi, s'il vous plaît, lequel, parmi nos grands pianistes, est en même temps un grand compositeur? Il n'en est qu'un, un seul qui mérita ce titre, c'est M. Chopin, et celui-là ne donne point de concerts, et celui-là, pour la grande majorité du public, n'est un grand pianiste que de réputation. Les compositions de M. Liszt, plus bizarres qu'agréables, vivront tout juste autant que sa personne; et celles de M. Thalberg, pour être moins baroques et d'une exécution plus facile, n'en ont guère plus de mérite. Qu'a-t-il donc fait, M. Thalberg, à qui l'on parle de confier un opéra? Il a fait de beaux morceaux avec les plus beaux motifs des plus beaux opéras; quel puissant effort de génie que d'avoir trouvé moyen de produire de l'effet avec *Moïse* et le *Barbier de Séville*, avec des airs qu'on a du plaisir à entendre jouer, même par un mauvais flageolet? Je ne parle pas du talent d'exécutant de M. Thalberg, il est a certitude, une précision mathématique à laquelle je trouve à peu près autant de charme qu'à une figure de géométrie. M. Thalberg me donne exactement l'idée de la machine à jouer du piano, que je ne désespère pas de voir inventer par quelque habile mécanicien. Si j'étais membre de l'Académie des Beaux-Arts, je ferais proposer un prix de cent mille francs à l'inventeur d'une pareille mécanique, car celui-là rendrait un incommensurable service au pays en rendant à des professions utiles une foule de citoyens pianistes. — Comme compositeur, M. Thalberg fera très-bien de s'en tenir à son genre, car il en retire bien plus d'argent et se donne bien moins de peine que s'il faisait des opéras. La fantaisie de *Moïse* a été payé six mille francs, plus à elle seule que toute la partition de Rossini, et l'affaire a été excellente pour l'éditeur. Que voulez-vous objecter contre de pareils chiffres? Pour en finir avec M. Thalberg, que je n'ai cité jusqu'ici que comme exemple, et parce qu'il occupe une des premières places parmi les pianistes, je suis étonné qu'il se soit décidé à donner, cette année, un concert au Théâtre-Italien; à la saison dernière, il avait renoncé à se faire entendre, en apprenant le succès de Liszt. Pourquoi n'a-t-il pas pensé de même aujourd'hui ? pourquoi sa modestie ne s'est-elle pas effacée devant un succès contre lequel son grand talent ne pouvait lutter ? La froideur du public a dû être pour lui une leçon.

Revenons aux idées générales. Il est fort difficile qu'un pianiste, qui s'est acquis, par une puissante exécution, une réputation légitime, renonce à ces faciles succès pour s'exposer à échouer comme compositeur. Ceux qui sont devenus de grands musiciens ont été ignorés comme pianistes, ou bien n'ont révélé leur grand talent d'exécutants qu'à un petit cercle d'intimes. Tels ont été Beethoven, Weber, tels sont encore, à ce qu'on assure, Meyerbeer, Mendelsohn-Bartholdy. C'est que ceux-là ne considéraient le piano que comme un instrument d'accompagnement ou d'étude, utile et fécond, en ce qu'il permet au compositeur de se donner, par des accords de dix notes à la fois, une idée des effets à produire dans des ensembles d'orchestre ou de voix.

Ce n'est pas à dire pour cela que je veuille proscrire tout à fait le piano. Ce que je demande, avant tout, c'est qu'on dépossède le sexe masculin de cet instrument si peu fait pour ses allures et sa tournure disgracieuses ; c'est qu'on n'accorde pas des encouragements ridicules aux jeunes garçons qui s'adonnent à cet exercice. N'est-il pas scandaleux, par exemple, qu'on trouve facilement à placer pour 5,000 francs de billets d'un concert donné au profit d'un jeune pianiste peu célèbre, mais plein de bonne volonté, sous prétexte qu'en tirant à la conscription, il a amené un mauvais numéro. Faites-moi le plaisir de me dire si l'on aurait obtenu 50 francs, dans le cas où il se serait agi d'un pauvre ouvrier, d'un étudiant, d'un poëte ou d'un peintre d'avenir, quand bien même celui-ci aurait été le seul soutien, le seul espoir d'une vieille mère ou d'une jeune sœur orpheline! Non, assurément; mais un pianiste! ces doigts souples et vigoureux dépenseraient leur force et leur agilité pour manier un mousquet; ces pieds, qui n'ont appris qu'à peser sur des pédales, seraient garnis d'éperons et chausraient l'étrier! Oh! que non pas! le public ne doit pas le souffrir!

Ce que je demande, c'est qu'on reporte sur les femmes artistes un peu de cet intérêt dont on est si prodigue envers les hommes. Je n'exige pas qu'on interdise le piano aux hommes; je désire seulement qu'à égalité de mérite, ce ne soit pas l'homme qui réunisse le plus de sympathies, mais la femme, qui apporte de plus à l'exécution le charme de sa personne, de son costume, les grâces de son sexe, la délicatesse et les fines nuances de sentiment dont son cœur est plus capable. Que tout le monde ait la liberté du piano, qu'hommes et femmes soient égaux devant le clavecin; mais qu'on demande aux hommes autre chose qu'une habileté mécanique; qu'on cherche à en faire de grands compositeurs et non des prestidigitateurs; que chaque sexe, surtout, soit rappelé de temps en temps aux attributions qui sont le plus en harmonie avec sa forme et avec son caractère. Nous avons supprimé peu à peu MM. les danseurs, si bien qu'aujourd'hui il n'est guère de gens sensés qui ne trouvent ridicule cette profession de bateleurs: tâchons de supprimer aussi MM. les pianistes.

Combien n'a-t-on pas déclamé contre les empiètements des femmes sur les domaines de l'homme! Les a-t-on assez ridiculisées, les femmes écrivains, les femmes philosophes, les femmes professeurs d'escrime, les virago de toute espèce. Bien mieux, on les a répudiées et proscrites; tout ce qu'il y a eu d'honnête et de sensé parmi les autres femmes leur a fermé sa porte, non sans payer un juste tribut d'admiration à leur talent, à leur génie. On a déclaré qu'elles étaient de grands hommes, ou des professeurs habiles, mais qu'elles avaient cessé d'être des femmes. Que dire des hommes qui renoncent à s'engager dans des chemins difficiles ouverts à leur intelligence et à leur force, pour s'en aller dans les sentiers fleuris réservés à la femme, lui dérober paresseusement de trop faciles couronnes? Que diriez-vous d'un homme qui serait brodeuse? Que dites-vous des officiers qui passaient, jadis leur temps à faire de la tapisserie! Comment, nous avons monopolisé à notre profit presque toutes les professions lucratives et glorieuses, nous n'avons laissé aux femmes que les industries les plus frivoles et les moins productive, à peine, même dans les arts de pur agrément, il leur reste à jouer quelques rôles auxquels leur grâce, leur élégance et leur délicatesse semblent les appeler particulièrement, et nous souffririons qu'on les en dépossédât; non, ce serait de notre part une injustice et une faute.

Dans la musique même, voyez quel est le partage de la femme. La harpe et le piano lui restent seuls, car les instruments à vent et à archet appartiennent exclusivement aux hommes. Je comprends et j'admets parfaitement qu'il en soit ainsi; mais au moins qu'on leur laisse presque exclusivement ces domaines; soyez, messieurs, de grands pianistes pour devenir de bons professeurs et composer de beaux morceaux, ainsi que font MM. les harpistes, et laissez aux femmes le soin de les exécuter; vous savez comment elles s'en acquittent. Vous connaissez les grands talents de madame Pleyel, de mesdemoiselles C. de Dietz, Matmann, Loveday, Korn, de la petite Bohrer, et de tant d'autres que je n'ai pas besoin de citer; vous pouvez leur confier vos œuvres en toute sûreté, elles les feront valoir et y mettront des nuances délicates, auxquelles vous-mêmes ne songeriez pas. Pendant ce temps, vous autres, vous transmettrez à l'archet d'un violon ou d'un violoncelle les émotions tendres et passionnées de votre âme, comme le font Haumann et Batta, vous soupirerez de douces mélodies sur la flûte, comme Tulou et Dorus. S'il en était ainsi, vous ne verriez pas les femmes disposées à la subversion musicale dont se plaignent les artistes ; les petites Milanollo n'auraient pas appris le violon, mademoiselle Mayer ne jouerait pas de la flûte, mademoiselle Christiani du violoncelle, et je n'aurais pas à vous annoncer le prochain début d'une jeune fille de douze ans, à qui son père enseigne le trombonne ! Que voulez-vous y faire ? Vous n'avez pas le droit de blâmer ces pauvres enfants, vous leur avez pris leur piano, elles vous prendront vos clarinettes, vos contrebasses et jusqu'à vos ophicleïdes. Vous appelez peut-être cela la liberté de l'art ; moi je l'appelle l'anarchie.

CHAPITRE II.

On comprendra que les renseignements que nous pouvons donner sur le piano sont excessivement limités; nous avons indiqué dans notre méthode du chant la valeur des accents; il est donc parfaitement inutile de le répéter ici.

Mais voici ce qu'il importe de savoir :

MANIÈRE DE CONNAÎTRE LES NOTES SUR LE CLAVIER DU PIANO.

On appelle :
Do ou *Ut*,
La note placée avant les deux touches noires; toutes les notes qui occupent cette position sont des *do* ou des *ut*.
Ré,
La note placée entre les deux touches noires.
Mi,
La note placée après les deux touches noires.
Fa,
La note placée avant les trois touches noires.
Sol,
La note placée entre la première et la seconde des trois touches noires.
La,

La note placée entre la deuxième et la troisième des trois touches noires.

Si,
La note placée après les trois touches noires.

Les touches noires qui sont placées sur le clavier et qui se trouvent entre deux touches blanches, indiquent les demi-tons. Comme il n'y a naturellement qu'un demi-ton entre les notes *mi* et *fa*, et de même entre les notes *si* et *do*, on ne trouvera point de touches noires entre ces deux notes.

En montant le clavier de gauche à droite, chaque touche noire est le dièse de la touche blanche qui est avant elle, et le bémol de celle qui est après.

DE LA POSITION DU CORPS DEVANT LE PIANO.

On doit être assis devant le milieu du piano, le coude surplombant légèrement les touches blanches, le corps droit, sans raideur aucune, et les pieds appuyés.

DE LA POSITION DE LA MAIN.

La main doit être à la même hauteur que l'avant-bras; le poignet ne se présentera ainsi ni convexe ni concave; les doigts seront arrondis et le pouce un peu courbé reposera sur le bord de la touche.

Chaque main sera légèrement inclinée du côté du pouce.

DE LA MANIÈRE D'ÉTUDIER LE PIANO.

On exécutera successivement :
Des gammes.

Des exercices,
Des récréations,

Le tout très-lentement d'abord, et les mains, l'une après l'autre, les doigts appuyés légèrement et sans raideur.

Aussitôt qu'on a déchiffré la gamme dans l'étendue d'une octave, il faut l'étudier dans l'étendue de deux octaves.

On enlèvera *presto* toutes les notes surmontées d'un point, de façon à ne leur donner que la moitié de leur valeur.

Les notes surmontées d'une liaison ne doivent pas être détachées par l'exécutant ; quand la liaison est placée sur deux notes semblables, on ne répète pas la seconde.

Dans les passages en sixtes ou en octaves, l'articulation du poignet doit agir sans que le bras se lève ni se baisse.

Les notes d'agrément ne comptant pas dans la mesure, demandent à être, en général, exécutées très brièvement.

DES SIGNES ET MOTS USITÉS.

Outre ceux qu'on trouvera dans notre livre du chant, voici les signes et mots qu'on emploie dans l'étude du piano :

Diminuendo ou ⊳ *dimin.* — Diminuer le son par degrés.

Crescendo ou ⊲ *cresc.* — Augmenter le son par degrés.

Ce signe ∧ placé au-dessus de la note, indique qu'elle doit être attaquée avec fermeté.

Rallentando ou *rall.* — En ralentissant.

Da Capo ou D. C. — Reprendre le commencement.

Octava ou 8va. — A l'octave.

Loco. — A l'endroit ordinaire. (Ce mot se place après 8va.

Ad libitum. — A volonté.

Nous ne saurions mieux finir ce que nous avions à dire du piano, qu'en empruntant à M. Carpentier, l'habile professeur, ces excellents conseils aux élèves :

« Lorsqu'on commence à étudier un morceau de musique, il faut prendre un mouvement très lent, qui permette de jouer avec suite et sans hésitation. Les passages qui présentent le plus de difficultés doivent être étudiés séparément et répétés comme des exercices.

» Il ne faut jouer de mémoire que lorsqu'on est certain de rendre exactement ce qui est écrit.

Lorsqu'on a surmonté les premières difficultés du mécanisme, et que les doigts ont acquis de la souplesse, il est bon de s'exercer à lire la musique à première vue. Je recommande de déchiffrer d'abord très lentement, et surtout de la musique facile.

» Après avoir travaillé un morceau pendant un certain temps, s'il n'est pas parfaitement su, et que l'on commence à s'en lasser, il faut l'abandonner et le reprendre après en avoir étudié d'autres. On ne doit cependant quitter un morceau que lorsqu'on ne peut plus obtenir de progrès en le travaillant.

» Le point essentiel est de savoir bien employer son temps lorsque l'on étudie, et de s'appliquer surtout à surmonter les difficultés en les répétant avec persistance. S'il en est autrement, et que l'on se contente de jouer des morceaux d'un bout à l'autre dans un mouvement trop vif, et sans s'arrêter sur les passages difficiles, quand bien même on resterait toute la journée à son piano, on n'obtiendrait jamais de bons résultats. On peut prendre comme exemple de certains musiciens ambulants qui jouent du violon depuis le matin jusqu'au soir, et qui cependant restent toujours des racleurs.

» Jeunes élèves, travaillez avec application et persévérance, c'est le moyen le plus prompt d'arriver au but que vous vous proposez d'atteindre, soit que vous vouliez vous livrer exclusivement à l'étude de la musique, ou que vous n'en fassiez qu'un délassement.

CHAPITRE III.

Notre petite Encyclopédie du chant pécherait dans son modeste ensemble si nous négligions le plain-chant, le plain-chant, cette source féconde et éternelle de célestes mélodies et de suaves harmonies.

Aussi lui avons-nous consacré la meilleure partie de ce volume.

« Pour apprendre le plain-chant, il faut, dit M. Nivers, connaître parfaitement les notes, les entonner juste, enfin y joindre la lettre ou les paroles. Voilà donc trois opérations bien distinctes; *nommer* la note, la *chanter*, puis y *adapter* les mots. » Ces trois choses, ajoute M. Nivers, « se doivent faire l'une après l'autre, pour avancer et apprendre à fond : autrement ce ne sera jamais que routine et confusion. » C'est la marche que nous suivrons dans cette méthode. Mais comme il est d'expérience qu'on n'a plus aucune peine à appliquer la parole quand on a solfié pendant un temps suffisant, et qu'on est parvenu à le faire avec assurance et facilité, nous nous arrêterons surtout aux deux premiers degrés, lesquels forment ce qu'on appelle la *vocalisation* ou l'art de *solfier*. Nous nous contenterons de donner quelques avis touchant la troisième opération.

Ainsi, le premier chapitre traitera de la *nomenclature* du plain-chant, et le second de son *intona-*

lion. En séparant de la sorte ces deux opérations, on parviendra à *solfier* en assez peu de temps, sans presque avoir éprouvé aucune difficulté. Nous ajouterons un troisième chapitre sur la psalmodie; et un quatrième où nous parlerons du chant *figuré* ou *mesuré*.

DE LA NOMENCLATURE DU PLAIN-CHANT.

Pour s'exercer dans ce premier degré, l'élève doit connaître le nom et la valeur des signes employés dans l'écriture du plain-chant.

On se sert dans le plain-chant de sept notes qu'on appelle *ut, re, mi, fa, sol, la, si*. Ces notes s'écrivent sur quatre lignes tracées horizontalement, dont la réunion s'appelle une *portée*.

1º Les quatre lignes se comptent en commençant par celle d'en bas.

2º Si on était obligé d'écrire des notes au-dessus ou au-dessous de la portée, on ajouterait de petites lignes qui tiendraient lieu de grandes.

Les notes sont représentées par des figures carrées et par des losanges. Mais il faut prendre garde que le nom de la note n'est point déterminé par la forme du caractère, mais bien par la position inférieure ou supérieure que ce caractère occupe dans l'étendue de la portée; en sorte que le nom de la note *ut*, par exemple, étant déterminé par un signe placé au commencement de la portée, le nom des autres notes se trouve pareillement déterminé selon l'ordre des sept notes, ci-dessus énoncé. Le signe qu'on emploie à cet effet s'appelle *clef*.

On se sert, dans le plain-chant, de deux *clefs*, qui sont la clef d'*ut* et la clef de *fa*. On les appelle ainsi pour montrer qu'on devra nommer *ut* ou *fa* tous les points qui seront placés sur la ligne de la clef, lesquels points une fois connus serviront à faire connaître les autres.

La clef d'*ut* peut avoir quatre positions, c'est-à-dire qu'elle se pose sur les quatre lignes. Les deux premières positions sont peu usitées.

La clef de *fa* n'a que deux positions, savoir : sur la 3e et sur la 4e ligne. Cette dernière position n'est point en usage.

Quelques auteurs ont admis une clef de *fa* sur la 1re et sur la 2e ligne ; mais assez mal à propos, puisque ces deux positions de la clef de *fa* ne sont autre chose que les deux dernières de la clef d'*ut*.

On emploie encore dans l'écriture du plain-chant quelques autres signes, dont les principaux sont la *barre* et le *guidon*.

La petite *barre* sépare les mots entre eux ; la grande se place à la fin des phrases ; et dans les hymnes et proses, elle se met après chaque vers. Les deux *barres* se placent à la fin des morceaux ; elles servent aussi à diviser les différentes parties d'un même morceau, par exemple un repons d'avec son verset.

Le *guidon* se place au bout de chaque portée ; il indique quelle sera la première note de la portée suivante. On en trouvera de nombreux exemples dans les exercices.

Pratique de ce chapitre.

L'objet de ce chapitre étant d'apprendre à l'élève à lire le plain-chant sans chanter, et cette lecture reposant principalement sur la connaissance des clefs, l'élève doit s'appliquer à connaître le nom des notes, au moins sur toutes les clefs usitées. Il ne devra pourtant pas apprendre toutes ces clefs à la fois, mais successivement, de sorte qu'il n'en quitte jamais une sans la posséder parfaitement. On pourra commencer par la clef d'*ut* sur la 4ᵉ ligne. Voici quelques moyens qu'on pourra mettre en usage pour cette étude.

1º Écrire soi-même quelques notes, puis leur donner leurs noms, ou bien écrire d'abord les noms de quelques notes sous la portée, pour placer ensuite les points vis-à-vis de ces noms.

2º Étudier les différents exercices de la clef à la connaissance de laquelle on s'applique.

3º On pourra adopter pour les enfants une opération plus matérielle en quelque sorte, et par conséquent plus à leur portée. Elle consisterait à leur faire envisager leurs quatre doigts comme les quatre lignes de la portée, leur faisant donner à chaque doigt le nom de la note posée sur la ligne que ce doigt présente. Ainsi, pour apprendre la clef d'*ut*, sur la 4ᵉ ligne, ils appelleraient le petit doigt *re*, le suivant *fa*, le 3ᵉ *la*, et l'index *ut*. Ils donneraient de même le nom qui conviendrait aux intervalles des doigts. Cet exercice, tout enfantin qu'il paraît, et qu'il est en effet, pourrait encore quelquefois être profitable à ceux qui ne sont plus enfants.

Quand l'élève connaîtra parfaitement toutes les clefs, au moins usitées, et qu'il lira facilement sur chacune d'elles, il passera au second chapitre.

OBSERVATIONS SUR L'UTILITÉ DES CLEFS.

On demande quelquefois si une seule clef, dans le plain-chant, ne suffirait pas, et pourquoi tant de clefs différentes.

Premièrement, cette multiplicité est une suite nécessaire de la variété des huit *modes*, puisque chacun d'eux a son étendue fixée d'une manière particulière, et que, si l'on employait uniquement, par exemple, la clef d'*ut* sur la 4ᵉ ligne, elle ne pourrait pas fournir l'étendue propre à certains modes, comme du *fa* d'en bas à celui d'en haut, ou de *sol* à *sol*.

En second lieu, comme chaque genre de voix a aussi une étendue différente de sons, soit graves, soit aigus, il était nécessaire que chacun de ces genres eût sa clef particulière qui pût lui fournir son étendue respective.

Le *la* est ordinairement le terme de la voix humaine dans le grave comme dans l'aigu. C'est, sans doute, pour cette raison, comme nous le verrons plus bas, que les anciens l'avaient représenté par la première lettre de l'alphabeth. De là aussi est venu l'usage de fixer le diapason (1) sur cette note.

Troisièmement, les clefs sont la source des *transpositions*, dont nous montrerons plus tard l'utilité.

Quatrièmement enfin, elles font éviter de défigurer l'écriture du plain-chant par des points trop supérieurs ou trop inférieurs à la portée. Ce changement de clef a lieu dans les livres romains et sénonois.

Remarques historiques sur tout ce chapitre.

Les anciens ne connaissaient pas nos sept syllabes *ut, ré, mi, fa,* etc.; ils se servaient des sept lettres A, B, C, D, E, F, G : l'A répondait à notre *la*, le B à notre *si*, le C à notre *ut*, et ainsi de suite jusqu'au G, qui représentaient le *sol*. Ils n'écrivaient pas sur quatre lignes comme nous; mais ils mettaient ces lettres au-dessus des mots, de cette manière : les sons graves étaient désignés par des lettres majus-

---

(1) Le diapason est un instrument d'acier destiné à donner un son fixe et invariable, ce qu'on ne pourrait obtenir d'un instrument à corde ou à vent.

cules et les aigus par des minuscules, qu'ils doublaient pour les sons plus élevés encore. Voici donc, à peu près, quelle était leur échelle : A, C, C, D, E, F, G, *a*, *b*, *c*, *d*, *e*, *f*, *g*, *aa*, *bb*, etc.

Quelques églises, comme celle de Paris, ont conservé l'usage des lettres pour désigner la terminaison dans la psalmodie.

La manière de noter qu'avaient adoptée les anciens, jointe à beaucoup d'autres difficultés, tant dans la théorie que dans la pratique, rendait l'étude du plain-chant fort pénible et fort longue. Aussi un bon chantre était-il, du temps de Charlemagne, un homme rare et précieux.

Ce fut vers l'an 1028, sous le règne du roi Robert, que le moine Guy d'Arezzo inventa la nouvelle méthode, au sujet de laquelle il dit : « J'espère que ceux qui viendront après nous prieront Dieu pour la rémission de nos péchés, puisqu'au lieu qu'en dix ans à peine pouvait-on acquérir une science imparfaite du chant, nous faisons un chantre en un an, ou tout au plus en deux. » Les six syllabes *ut*, *ré*, *mi*, *fa*, *sol*, *la*, sont tirées des trois premiers vers de l'hymne de saint Jean-Baptiste : *Ut queant laxis*. Le chant de cette hymne, qui a été trouvé dans la bibliothèque du Chapitre de Sens, et qui paraît plus ancien que Guy, offre, en effet, une progression de six cordes sur les syllabes dont il s'agit.

Ce fut Guy pareillement qui imagina de représenter ces syllabes sur une échelle par des points, dont une clef déterminait le nom. Cependant cette clef se désignait toujours par une lettre. Il paraît qu'il admettait la clef de *sol*, qui n'existe plus maintenant que dans la musique.

Il restait pourtant encore, dans le système de Guy, des difficultés assez considérables. Il n'avait point de *si*. On est curieux de savoir ce qu'il faisait de la lettre B, et c'est là que sa méthode devenait un peu embrouillée. Il avait figuré une table à trois lignes, dont la première s'appelait la clef du B mol; la seconde, la clef de nature, et la troisième, la clef du B. carre.

On chantait ordinairement sur la seconde ligne, et on passait de là dans la première ou dans la troisième, selon que ce que nous appelons aujourd'hui le *si* était bémol ou naturel. D'après ces règles, c'est ainsi que l'on chantait la gamme d'*ut*.

ut ré mi fa sol la mi fa.

Cette table donne l'intelligence de ce qu'on entend dire quelquefois : *A mi la, D la ré*, expressions qui, bien souvent, ne sont pas comprises par ceux qui s'en servent.

Il faut que l'invention de la note *si* soit de beaucoup postérieure à Guy d'Arezzo, puisqu'un *Catéchisme des clers*, imprimé vers 1650, leur recommande d'adopter la nouvelle méthode de chanter avec le *si*, ce qui prouverait que cette syllabe n'était pas encore alors reçue partout, au moins pour le plain-chant.

DE L'INTONATION DU PLAIN-CHANT.

L'élève étant parvenu à lire le plain-chant avec facilité, il est temps qu'il ne se contente plus de cette simple lecture, et qu'il commence à chanter; c'est ce qu'on appelle l'*intonation*.

Entonner une pièce de chant, c'est lui donner le *ton* qui lui convient; c'est ce qu'indique assez le mot *intonation*. Mais en quoi consiste ce *ton* ? Que signifie ce mot *ton* ? Ce chapitre sera consacré à le faire comprendre.

Le mot *ton* se prend dans plusieurs acceptions.

1º On l'emploie pour désigner le *son* qu'on doit

donner à une note prise isolément. C'est dans ce sens qu'un maître dit à son élève : *Prenez mon ton; vous ne saisissez pas le ton.* Il dirait plus exactement : *Prenez mon son; vous ne saisissez pas le son.*

On s'en sert, en second lieu, pour désigner la différence que la voix doit mettre entre le *son* d'une note et celui d'une autre; par exemple, le *son* d'*ut* à celui de *ré*. C'est là le *ton* proprement dit et la seule véritable signification de ce mot.

Enfin on appelle encore *tons* certaines manières de composer qui exigent chacune des tours de phrase particuliers et qui ont des chûtes déterminées. C'est ainsi qu'on dit le *septième ton*, le *huitième ton*, etc.; on devrait dire le *septième mode*, le *huitième mode*. En un mot :

Le *son* se rapporte à chaque note prise isolément.

Le *ton* proprement dit résulte de la comparaison de deux sons.

Le *mode* est déterminé par la comparaison des phrases ou suites de notes qui composent un morceau de chant.

Cela posé, on conçoit facilement que la science de l'*intonation* consiste en trois choses :

1º A saisir un *son* isolé. Nous en dirons un mot dans un premier article.

2º A trouver par soi-même le son d'une seconde note, une fois suggéré celui de la première. C'est ce qu'on apprendra dans un second article qui parlera du *ton* proprement dit.

3º Enfin à pouvoir commencer un morceau quelconque, sans même qu'il soit besoin que le son de la première note soit suggéré. On ne peut pousser plus loin la science de l'*intonation*; un troisième article proposera des règles pour cet objet, en donnant quelques notions sur les *modes*. C'est ainsi que l'élève acquerra dans ces trois articles des connaissances suffisantes pour être en état de commencer et de poursuivre par lui-même toute pièce de chant, c'est-à-dire, de chanter sans le secours du maître.

DES SONS.

Ce court article ne regarde que le maître. Ce que celui-ci doit faire ici, c'est de suggérer à l'élève plusieurs sons les uns après les autres; et pour cela, il pourra chanter avec lui les premiers exercices, ou même des morceaux plus difficiles, le faisant suivre à l'écho, pour lui former l'oreille. Il observera de lui faire bien prolonger ses notes, pour lui faire acquérir une grande justesse de sons; ce qui est essentiel, et ce en quoi consiste toute la pratique de cet article.

Il est bon de remarquer que c'est ici le lieu de discerner ceux qui sont incapables de jamais chanter, auxquels par conséquent il faut faire abandonner l'étude du plain-chant, puisqu'ils y perdraient leur temps et leur peine. Si un élève ne saisit aucunement les sons qui lui sont proposés; si, après des tentatives réitérées il ne peut absolument y parvenir, cela prouve qu'il n'a pas d'oreille; il ne chantera jamais, il faut qu'il y renonce, surtout s'il n'est plus jeune; car quelquefois ce qu'on n'avait pu saisir dans l'enfance, on le saisit avec facilité lorsque les organes sont formés.

DU TON PROPREMENT DIT.

Le *ton* proprement dit est la différence qui existe entre le son d'une note et celui d'une autre. Cette différence offre à l'oreille quelque chose de complet, comme *ut-re*; ou d'incomplet, comme *mi-fa*; dans le premier cas on l'appelle un *ton*; dans le second cas, on l'appelle un *demi-ton*.

Cette différence peut se rencontrer entre deux notes qui se succèdent immédiatement, comme *ut-re*, *re-mi*, etc. (c'est ce que nous verrons en parcourant la *gamme*, (ou bien entre deux notes qui ne se succèdent pas immédiatement, comme *ut-mi*, *ut-fa*, etc; c'est ce qu'on appelle des *intervalles*.

De la gamme et des sons qui s'y rencontrent.

On entend par *gamme* ou *octave*, une suite immédiate de huit notes, comme *ut re mi fa sol la si ut*.

Pour connaître l'étymologie du mot *gamme*, il suffit de jeter les yeux sur la table de Guy, que nous avons donnée ci-dessus. On y verra que dans la clef du bécarre, la note *ut* que Guy avait choisie pour base de sa nouvelle *octave*, est représentée par le G. Or, cette lettre dans l'alphabet grec s'appelle *gamma*.

Toute *gamme* ou *octave* renferme cinq tons et deux demi-tons. Les cinq tons se rencontrent d'*ut* à *re*, de *re* à *mi*, de *fa* à *sol*, de *sol* à *la* et de *la* à *si*; les deux demi-tons se trouvent de *mi* à *fa* et de *si* à *ut*. Ce serait la même chose si l'on partait de l'*ut* d'en haut; il y aurait de même un ton d'*ut* à *re*, un autre de *re* à *mi*, etc. Les espaces demeurent aussi les mêmes lorsqu'on descend.

Il est très-important que l'élève sente parfaitement la différence qu'il y a entre un ton et un demi-ton; il faut aussi que son oreille et sa voix sachent en faire le discernement d'une manière imperturbable; c'est là l'unique but de ce paragraphe. Pour atteindre ce but, on pourra se servir de deux moyens suivants.

Le premier sera de chanter plusieurs fois la gamme d'*ut*, et très-lentement. Il faudra accoutumer l'oreille de l'élève à trouver par elle-même le son des autres notes de la gamme, après lui avoir suggéré celui d'*ut*.

Le second consistera dans l'opération suivante. L'élève, après avoir chanté la gamme sur la base *ut*, en montant et en descendant, la chantera aussi successivement sur les notes *re*, *mi*, *fa*, etc.; auxquelles au fur et à mesure qu'il les établira pour base d'une nouvelle gamme, il aura soin de donner le même son qu'il aura donné à l'*ut* en commençant; de manière pourtant à laisser les demi-tons toujours du *mi* au *fa* et du *si* à l'*ut*.

Il est facile de voir qu'un tel exercice forcera l'élève de s'écouter, et de se rendre compte à lui-même de ses tons et demi-tons, ce qui ne contribuera pas peu à empêcher la routine.

Des accidents.

Cette suite de tons et de demi-tons que nous avons remarquée dans la gamme, est l'ordre naturel; mais il peut être changé. Cela se fait par le moyen de deux *accidents*, dont l'un abaisse d'un demi-ton la note à laquelle il est appliqué, et s'appelle *bémol*; l'autre l'élève au contraire d'un demi-ton, et s'appelle *dièse*. Le *bécarre* sert à remettre dans l'ordre naturel la note élevée par le *dièse* ou abaissée par le *bémol*.

Quand un bémol ou un dièse est placé immédiatement après la clef, il affecte toutes les notes qui sont sur la corde où il est placé; à moins que son effet ne soit interrompu par un bécarre.

Note historique sur le bémol, le bécarre et le dièse.

Les anciens reconnaissaient comme nous, au moins implicitement, l'ordre naturel des tons et demi-tons. Mais une seule note chez eux était regardée comme susceptible de changement; c'était le B (notre *si*); et ils l'appelaient pour cette raison la *corde variable*. Quand ils voulaient désigner le B dans sa position plus rapprochée du C, (nous parlons d'un rapprochement de sons) ils le figuraient d'une manière carrée, à peu près comme notre bécarre; et alors c'était le *B dur*, le *B carré*, pour montrer qu'il fallait donner à cette note toute son extension. Quand, au contraire, ils voulaient le rapprocher de l'A, ils lui donnaient une forme arrondie (b), et ils l'appelaient *B rond*, *B mol*, c'est-à-dire B amolli, B adouci.

En regardant le tableau de Guy d'Arezzo, on a vu que le B représentait quelquefois le *mi*, savoir dans *la clef du bécarre*. Ceux donc qui vinrent après Guy, ayant imaginé de faire varier le *mi* comme le *si*, il leur sembla tout naturel de se servir des anciennes expressions par lesquelles on avait accoutumé de désigner la corde variable, et ils dirent *mi bémol, mi bécarre*. On a été plus loin dans la musique, et on a appliqué ces expressions à toutes les notes; ainsi on a dit : *la bémol, ré bémol*, etc., comme si ces mots *bémol* et *bécarre* eussent été des noms communs, propres à désigner toute corde variable. Et par une nouvelle extension, non contens de nous servir du *bécarre* pour remettre dans l'ordre naturel les notes baissées par le *bémol*, nous l'avons encore appliqué aux notes élevées par le *dièse*. C'est dans ce sens plus étendu, que nous avons conservé le nom et la figure du *bémol* et du *bécarre*.

Les anciens n'avaient d'autre *dièse* que leur *B carré*, puisqu'ils appelaient toutes les autres notes *tons fixes* ou *invariables*. Et même à présent, il y a encore bien peu de livres de chant où l'on rencontre le *dièse*; ce qui n'empêche pas qu'on ne le fasse dans l'exécution, lorsque le goût l'exige. C'est ainsi que dans la prose *Lauda Sion*, par exemple, tout le monde hausse le *fa* qui est à la fin de chaque strophe, sans que le *dièse* soit écrit.

Le mot *dièse* est un mot grec (*dièsis*), qui signifie *transport*, *élévation*.

Des intervalles, et des tons dont ils sont composés.

Les *intervalles* sont au nombre de sept dans la gamme, savoir : la *seconde*, la *tierce*, la *quarte*, la *quinte*, la *sixte*, la *septième* et l'*octave*.

On en trouverait encore d'autres, en sortant des bornes de la gamme, tels que la *neuvième*, la *dixième*, etc.; mais on ne les voit jamais dans le plainchant. La *septième* même s'y rencontre fort rarement.

Remarquez que, pour compter un intervalle, il faut envisager comme première la note d'où l'on part. Ainsi pour compter l'intervalle *ut-fa*, on dira *ut première*, *ré seconde*, *mi tierce* ou *troisième*, *fa quarte* ou *quatrième*. *Fa* est donc la quarte d'*ut*; l'intervalle *ut-fa* est donc une *quarte*.

Sans nous étendre sur la théorie des autres intervalles, nous allons donner sur la *tierce* quelques notions particulières, nécessaires pour entendre l'article qui traite des *modes*.

Il y a deux sortes de tierces, l'une *majeure* et

l'autre *mineure*. La tierce *majeure* est celle qui est composée de deux tons, comme *ut-mi*, *fa-la*, *etc.*; la tierce *mineure* est composée d'un ton et d'un demi-ton. Celle-ci peut être *directe* ou *inverse* : elle est *directe*, lorsque le ton se trouve entre la première et la seconde note, et le demi-ton entre la troisième et la quatrième, comme *la-ut*, où l'on voit que le *ton* se rencontre de *la* à *si*, et le *demiton* de *si* à *ut*; elle est *inverse*, lorsque cet ordre est renversé, comme dans la tierce *mi-sol*, où l'on rencontre d'abord le demi-ton de *mi* à *fa*, et le ton ensuite de *fa* à *sol*.

Pratique.

Pour s'accoutumer à saisir les différents intervalles, on s'exercera à chanter des exercices. On y demeurera autant qu'il le faudra pour les savoir parfaitement, et pour les entonner tous avec justesse et facilité. Il est bon aussi de retenir le nom de tous ces intervalles, cela pourra servir dans l'article qui suit. Quand on saura imperturbablement ces exercices, on fera bien d'en chanter de plus considérables, et même toutes sortes de morceaux de plain-chant, pourvu que le maître continue toujours de suggérer la première note.

Moyen pour exécuter facilement le dièse et le bémol.

1º *Pour le dièse.* Ou la note qui en est affectée est inférieure à celle qui la précède, comme *la-sol*, ou elle lui est supérieure, comme *la-ut*. Dans le premier cas, l'exécution du dièse est facile, en ce que c'est une chose très-aisée pour la voix de ne descendre que très-peu sur la note diésée; et si on y éprouvait quelque difficulté, comme ce sont bien souvent les syllabes qui effrayent, on pourrait y substituer les syllabes *fa-mi*; ce qu'on a pu remarquer plus haut. Dans le second cas, vous monterez d'abord sur la note qui se trouve immédiatement au-dessus du dièse, et sans vous arrêter sur cette note préparatoire, vous descendrez de suite sur votre note diésée; c'est ainsi que vous rentrez dans le premier cas.

Pour le bémol, c'est tout le contraire; c'est-à-dire que, si la note bémolisée est au-dessous de la précédente, comme *ut* — b *si*, vous la ferez plus facilement, en descendant d'abord sur le *la* pour monter de suite sur le *si* bémol.

Observez qu'il ne faut prononcer aucune syllabe de plus, mais que le son préparatoire se fait sur la syllabe même qui est diésée ou bémolisée.

Avant de passer à ce qui regarde les *modes*, l'élève fera bien de commencer à appliquer la parole. Cet exercice pourra corriger la sécheresse des autres, contribuera beaucoup à fortifier les commençants dans ce qu'ils ont déjà appris, et les accoutumera peu à peu à chanter sans le secours des syllabes *ut ré mi fa*, etc. On pourrait encore ici diviser la difficulté, et commencer par prononcer *a* seulement sur toutes les notes..

DES MODES.

Nous avons dit plus haut que l'on entendait par *modes* certaines manières de composer, dont chacune exige des tours de phrases qui lui sont particuliers, et a sa chute pareillement déterminée. Ces tours de phrases s'appellent *modulations*, et la note sur laquelle on fait la chute propre à chaque mode, s'appelle *finale*.

Tout morceau de plain-chant est composé dans un des modes dont nous parlerons tout à l'heure; et c'est la *finale*, c'est-à-dire la dernière note du morceau, qui doit faire connaître à quel mode il appartient. C'est pour cette raison qu'on appelle aussi cette même note *tonique*, c'est-à-dire, note du *ton*, ou plutôt note du *mode*, parce qu'elle est la principale de tout le mode, et que l'oreille s'arrête sur elle d'une manière plus complète et plus parfaite.

Il n'est pas nécessaire que chaque *modulation* ait sa chute particulière sur la *tonique*; car alors il n'y aurait dans un morceau que des repos parfaits. Mais les autres notes pouvant devenir la base des modulations, forment ainsi des repos imparfaits. Ainsi, on rencontre d'abord une modulation accidentelle en *la*; plus loin, c'en est une autre en *fa*; plus loin en *ut*. Cette réflexion servira beaucoup à ceux qui désirent faire du contrepoint ou simple ou fleuri. Ils sauront que lorsqu'il se présente une modulation qui a sa chute particulière, il faut oublier la *finale* générale du mode, pour ne penser qu'à celle qui se présente actuellement, et pour diriger les accords vers ce but.

L'*accord parfait* consiste dans la réunion de la *tonique*, de la *tierce*, et de la *quinte*. On l'appelle ainsi, soit parce qu'il comprend les notes principales du mode, soit parce que, lorsque l'on chante ensemble ces différentes notes, il en résulte une harmonie qui offre quelque chose de parfait et de complet.

Division primitive des Modes.

On distingue généralement deux modes, l'un *majeur*, l'autre *mineur*. Le mode *majeur* est celui dont la tierce est majeure; ainsi le mode d'*ut* est majeur, parce que sa tierce *ut-mi* est majeure.

Le mode *mineur* est celui dont la tierce est mineure, soit directe, comme le mode de *la*, dont la tierce *la-ut* est mineure directe, soit inverse, comme le mode de *mi*, dont la tierce *mi-sol* est mineure inverse.

D'après cette division générale des modes, on conçoit qu'il pourrait y avoir autant de modes qu'il y a de notes, puisque chaque note est susceptible d'être établie base et finale d'un mode. C'est ainsi que l'on pourrait établir un mode majeur sur la finale *ut*, un mode mineur direct sur la finale *re*, un mode mineur inverse sur la finale *mi*, un mode majeur sur la finale *fa*, et ainsi de suite ; ce qui donnerait sept modes. Les anciens en ont rejeté un qui leur a paru trop dur, savoir, le mode mineur inverse de *si*, et ils ont admis les six autres sur les finales *re*, *mi*, *fa*, *sol*, *la* et *ut*. Mais comme il y avait deux manières de placer les modulations soit toutes au-dessus de la tonique, soit les unes au-dessus, et les autres au-dessous, on fit deux modes sur chaque finale ; l'un qu'on appela *supérieur*, parce que toutes les modulations y sont supérieures à la finale ; l'autre *inférieur*, parce qu'il admet des modulations au-dessous de la finale. Les *supérieurs* se nommaient aussi *authentes, maîtres* ; les *inférieurs*, dont on n'avait fait usage qu'après les premiers, étaient appelés *plagaux* et *disciples*. Il y eut donc douze modes, six supérieurs et six inférieurs ; ces douze modes portèrent le nom des provinces où ils avaient pris naissance.

Tableau des douze modes anciens.

Modes authentes.	*Modes plagaux.*
1. D. ré dorien.	2. D. ré hypo-dorien.
3. E. mi phrygien.	4. E. mi hypo-phrygien.
5. F. fa lydien.	6. F. fa hypo-lydien.
7. G. sol mixolydien.	8. G. sol hypo-mixolydien.
9. A. la éolien.	10. A. la hypo-éolien.
C·11. ut ionien.	11. C. ut hypo-ionien.

Les modernes ayant remarqué que le 9ᵉ mode était semblable au 1ᵉʳ, le 10ᵉ au 2ᵉ, le 11ᵉ au 5ᵉ et le 12ᵉ au 6ᵉ, ont réduit les modes au nombre de huit, et ils ont appelé les quatre autres *modes irréguliers*. C'est ainsi que le 9ᵉ mode des anciens s'appelle aujourd'hui 1ᵉʳ *irrégulier*, etc.

Division actuelle des Modes.

1º Il y a actuellement dans le plain-chant huit modes, tant majeurs que mineurs.

2º Ils se divisent en quatre *supérieurs* et quatre *inférieurs*. Les finales des quatre modes supérieurs sont *ré, mi, fa, sol*; l'accord parfait qui doit désigner l'étendue des modes supérieurs, se commence sur la finale elle-même : ainsi l'accord parfait qui désigne le premier mode est celui-ci : *ré fa la ré*. Les modes inférieurs sont sur les mêmes finales *ré, mi, fa, sol*; mais leur accord parfait se commence plus bas que la finale, sur la quinte du mode : ainsi l'accord parfait qui désigne l'étendue du second mode est celui-ci : *la ré fa la*.

3º Les modes supérieurs sont les quatre *impairs*, savoir le 1ᵉʳ, le 3ᵉ, le 5ᵉ et le 7ᵉ. Les inférieurs sont les quatre *pairs*, savoir le 2ᵉ, le 4ᵉ, le 6ᵉ et le 8ᵉ.

4º On appelle *compairs* les deux modes qui sont sur la même finale; ainsi le 7ᵉ et le 8ᵉ sont des modes *compairs*.

5º On donne le nom de *mixtes* aux pièces de chant qui comprennent et les modulations supérieures du mode impair, et les modulations inférieures du mode pair.

Voici les épithètes qu'on a données à chacun des huit modes, et par lesquelles on a prétendu les caractériser : *primus, gravis; secundus, tristis; tertius, mysticus; quartus, harmonicus; quintus, lœtus; sextus, devotus; septimus, angelicus; octavus, perfectus.* Le premier mode, grave; le second, triste ; le troisième, mystique ; le quatrième, harmonieux; le cinquième, gai ; le sixième, dévot ; le septième, angélique ; le huitième, parfait.

Pratique.

1º Pour commencer un morceau de chant d'une manière convenable, il ne faut le prendre ni trop haut ni trop bas, c'est-à-dire, qu'il faut savoir mesurer l'étendue de sa voix sur l'étendue du morceau qu'on doit exécuter. Voici deux règles à cet effet.

Première règle. — *La finale des modes impairs se prend dans le bas de la voix.* — La raison de cette règle est que dans les modes impairs, la tonique se trouve être à peu près la note la plus grave, comme on a pu le voir dans le tableau ci-dessus ; en sorte que si on prenait cette tonique dans le haut de la voix, il serait impossible d'exécuter les notes qui se trouvent une octave au-dessus.

Seconde règle. — *La finale des modes pairs se prend dans le médium de la voix.* — La tonique des modes pairs se trouve au milieu de l'étendue du mode ; de sorte, qu'en la prenant dans le médium de la voix, on se réserve de quoi fournir également dans le haut et dans le bas.

Le mode est ordinairement indiqué par un chiffre au commencement ou à la fin de chaque morceau.

2º Après qu'on a trouvé le son de la tonique, il est bon de faire la gamme de cette tonique afin de bien s'établir dans le mode, et pour préparer l'oreille à saisir les intervalles qui se présenteront.

3º *Unisson des modes.* — Ce n'est pas assez de savoir commencer un morceau isolé, il faut encore savoir coudre ensemble les différentes pièces qui composent un office; ce qui se fait en mettant les modes à l'*unisson*. Or, mettre les modes à l'unisson, c'est chanter sur le même degré de voix le terme grave de chaque mode. Ce terme grave est *ré* dans dans le premier mode, *la* dans le second, etc., comme on le verra ci-dessous. Il est facile de voir que si on n'établissait pas cet unisson, les morceaux seraient ou trop hauts ou trop bas; ce qui arriverait, par exemple, si, après une pièce du second mode, on en rencontrait une du septième : il y aurait en effet peu de voix assez étendues pour fournir le *la* d'en bas de la clef de *fa*, et le *sol* d'en haut du septième mode.

4° *Transposition des modes.* — Elle consiste à changer un mode en un autre qui lui soit semblable. Elle se fait en changeant la clef, de telle manière que la tonique du nouveau mode demeure sur la même ligne que celle de l'ancien, et en ajoutant à cette clef les dièses et les bémols nécessaires pour conserver l'ordre des tons et demi-tons qui se rencontrent dans la pièce à transposer.

On trouve quelquefois le premier mode avec la tonique *la* et la clef d'*ut* sur la seconde ligne ; de même le deuxième mode en *la* (ou en A); de même encore le quatrième mode en *la*, le cinquième et le sixième mode en *ut* ; ce sont tout autant de transpositions.

On peut considérer la transposition par rapport aux instruments, ou par rapport aux voix.

1° Par rapport aux instruments, elle est d'une absolue nécessité. Ceci suit naturellement de ce que nous avons dit ci-dessus, en faisant voir combien il était impossible de chanter tous les modes au naturel, et combien il était indispensable d'établir entre eux l'unisson. Car il est évident que pour établir cet unisson, il faudra changer le nom des notes écrites, au moins pour les instruments. Et le seul moyen de changer leur nom sans changer leur position, c'est de les désigner par une clef supposée ; opérations qui ne sont autre chose que la transposition. L'unisson des termes graves peut s'établir sur le *la*, le *si*, l'*ut*, ou même le *ré*, selon la portée générale des voix, et aussi suivant l'usage des lieux. La table ci-après indique les changements de clef, avec les additions ou retranchements nécessaires.

Ceux qui sont chargés de diriger le chœur sont pareillement obligés de connaître la transposition. Dans les églises où il n'y a pas d'instruments, ils feront bien de se servir d'un *diapason* pour se régler plus sûrement. Le diapason donne ordinairement le son de la note *la*, par le moyen de la vibration des deux branches ; et on conçoit que lorsqu'on possède le son d'une note, il n'est pas difficile de trouver celui de toutes les autres dont on a besoin.

2° Si la transposition par rapport aux voix n'est pas d'une nécessité aussi indispensable que pour les instruments, on ne saurait nier qu'elle ne soit au moins d'une très grande utilité. En effet, cet exercice empêche d'abord la routine ; 2° il rend familier l'usage du dièse et du bémol, qui épouvantent si facilement les voix peu exercées dans la transposition ; 3° il fait acquérir une grande fermeté et une assurance d'exécution extraordinaire. Afin donc d'obtenir tous ces avantages, l'élève, après avoir chanté un morceau quelconque dans son mode naturel, le reprendra plusieurs fois, en ajoutant successivement un, deux, trois dièses à la clef ; un, deux, trois bémols à la clef ; ayant soin à chaque fois de changer la clef, afin de pouvoir en donner un autre à la finale, sans l'ôter de la ligne où elle se trouve écrite. On fera bien de parcourir de cette sorte les huit modes du plain-chant.

Nous omettons les transpositions qui exigent plus

de quatre dièses ou bémols à la clef. Si cependant on en avait besoin, on pourrait suppléer à cette table, en prenant garde pourtant d'observer l'ordre suivant :

Fa est le premier dièse; *si* le premier bémol; les autres dièses sont placés de quinte en quinte en montant, les autres bémols de quinte en quinte en descendant.

Cet ordre est tellement invariable qu'on ne pourrait, par exemple, mettre un dièse continu sur le *sol*; sans en mettre en même temps sur le *fa* et sur l'*ut*. Il en est de même des bémols.

Mais on pourrait demander quelle est la raison de cet ordre, pourquoi *fa* est le premier dièse, *si* le premier bémol; pourquoi les autres dièses sont placés de quinte en quinte en montant, tandis que les bémols sont de quinte en quinte en descendant?

Pour satisfaire à cette question, je remarque d'abord que l'utilité des dièses et des bémols à la clef consiste en ce qu'ils donnent le moyen d'établir sur les autres notes une gamme semblable à celle d'*ut* majeur, ou à celle de *la* mineur. C'est ainsi qu'un bémol à la clef dans le cinquième mode, rend la gamme de *fa* en tout semblable à celle d'*ut* majeur; d'où je conclus que c'est pour acquérir cette ressemblance qu'on a ajouté plus ou moins de dièses ou de bémols à la clef. Or, voici comme on a dû s'y prendre pour trouver de nouvelles gammes conformes à la gamme naturelle d'*ut*.

On a distingué dans la gamme d'*ut* deux moitiés parfaitement semblables, quant à l'ordre des tons et des demi-tons : *ut—ré—mi-fa* | *sol—la—si-ut*. C'est ce que les Grecs appelaient les deux *tétracordes* (suite de 4 notes), l'inférieur et le supérieur. Cela posé, on voit aisément pourquoi nos pères ne se sont pas avisés d'abord de faire sur le *ré* une première imitation de la gamme d'*ut*. Ils ont dû prendre le tétracorde déjà existant, *sol—la - si-ut*, pour en faire la première moitié d'une gamme, et ils ont dit : *sol— la—si-ut | ré—mi-fa—sol*. Mais pour rendre le second tétracorde parfaitement semblable au premier, il a fallu éloigner le *fa* du *mi* et le rapprocher du *sol*, ce qui s'est fait en affectant le *fa* d'un dièse permanent; et voilà le premier dièse trouvé; *sol—la - si - ut | re—mi—* D. *fa-sol*. Ce premier pas une fois fait, on n'eut pas de peine à former une troisième gamme, et l'on dit bientôt : *ré—mi—* D. *fa-sol | la—si—* D. *ut-ré*. Voilà le second dièse, *ut*. Même opération pour le troisième, le quatrième et tous les autres.

Pour les bémols, on n'éprouva pas plus de difficulté ; on prit le tétracorde inférieur de la gamme d'*ut*,—*ut—ré—mi-fa*, pour en faire la seconde moitié d'une nouvelle gamme, et on eut *fa—sol—la* b *si | ut—ré—mi-fa*. Voilà le premier bémol. Ensuite, toujours en reculant : b *si—ut—ré* b *mi | fa sol—la* b *si*. Puis : b *mi—fa—sol* b *la |* b *si—ut— ré* b *mi*. Même opération pour les autres bémols jusqu'au septième. Ce qui fait voir comment les bémols s'obtinrent en reculant, tandis qu'on obtenait les dièses en avançant.

Avant de finir ce chapitre, nous indiquerons encore un moyen très-capable de fortifier les élèves, et très-propre à les intéresser ; c'est le chant à plusieurs parties. On trouvera aux Exercices plusieurs pièces à deux, trois, et même quatre voix ; les unes sont mesurées, les autres ne le sont pas. Pour exécuter ces dernières, il faut avoir soin de bien s'entendre afin de frapper chaque note ensemble. La lettre D, veut dire *dessus*; H.-C, *haute-contre*; T, *taille*; B, *basse*. Ces parties peuvent absolument se mettre l'une pour l'autre, selon la portée des voix, excepté pourtant la basse, qui doit toujours demeurer au-dessous de toutes les autres. Nous aurons soin d'indiquer, au commencement de chaque morceau, si on peut le chanter au naturel, ou s'il faut le transposer.

DE LA PSALMODIE.

On distingue deux sortes de *psalmodie*, l'une simple et l'autre composée. Mais avant de parler de chacune en particulier, c'est ici le lieu de faire connaître deux choses qu'il faut observer dans toute psalmodie. Ce sont les repos et la quantité.

1º *Des repos.* On doit faire, au milieu de chaque verset d'un psaume, un repos plus sensible que les autres. Ce repos principal s'appelle *médiante*; il faut affecter de s'y arrêter quelques instants. Le milieu du verset est indiqué dans les psautiers par un astérisque (*).

Les autres repos ne se font que pour respirer; mais il faut éviter d'abord de reprendre haleine au milieu d'un mot. En second lieu, lorsque la longueur du demi-verset ne permet pas qu'on le chante sans respirer, on doit éviter de couper la phrase où il ne convient pas, et ne pas faire comme ceux qui, n'entendant pas le latin, diraient : *Abraham et semini — ejus in secula. Deus in adjutorium — meum intende. Domine ad adjuvandum — me festina. Sede a — dextris meis*, au lieu de dire : *Abraham — et semini ejus in secula. Deus — in adjutorium meum intende. Domine — ad adjuvandum me — festina. Sede — a dextris meis.*

IIº *De la quantité.* Il faut passer légèrement sur les syllabes brèves, sans pourtant manquer de les bien prononcer, et demeurer d'une manière un peu affectée sur les syllabes longues, ce qui doit être observé, non seulement dans la psalmodie, mais aussi toutes les fois qu'on chante du latin à voix directe, comme dans les oraisons, les épîtres, etc. Maintenant, quand une syllabe est-elle brève? quand est-elle longue? Pour décider cette question, il ne suffit pas de savoir la prosodie, puisque la quantité du chant n'est pas toujours la même que la quantité naturelle; il faut encore connaître les règles suivantes :

1º *Mots de trois syllabes.* On fait longue celle des deux premières qui est marquée de l'accent aigu, quoique quelquefois elle soit brève de sa nature : *stupebant, Domine.* Remarquez que, même dans les mots de quatre ou de cinq syllabes, on n'a jamais égard qu'aux trois dernières pour fixer l'accent; ainsi on dit *mulieres* et *mulieribus.*

2º *Mots de deux syllabes.* La première est toujours longue : *Dixit, Deus, caput, fuit.*

3º *Monosyllabes.* Ils sont de deux espèces. Les uns se rapportent au mot précédent, comme sont ordinairement ceux-ci : *me, te, se, nos, vos, est, sunt,* etc.; *adversum-me super-vos, facti sunt,* etc. D'autres se rapportent le plus souvent au mot qui les suit, comme sont ceux-ci : *in, a, ad, ex; qui, tu, es, non,* etc.

Ceux de la première espèce sont censés ne faire qu'un mot avec celui auquel ils sont joints et être la dernière des trois syllabes de ce même mot, de manière pourtant qu'ils abrègent toujours la syllabe qui les précède immédiatement. Ainsi : *laudabunte, genui-te.* Un usage assez général excepte de cette règle *salvum fac.*

Ceux de la seconde espèce sont brefs quand ils sont joints à un ou deux mono-syllabes. Exemple : *qui-timet, in-caput, in-te-ex-hoc, in-te est.*

DE LA PSALMODIE SIMPLE.

La psalmodie simple est celle qui se fait à voix directe, c'est-à-dire sans élévation ni inflexion de voix, de manière qu'elle ressemble beaucoup à une simple récitation. Elle en diffère pourtant en ce que la voix est soutenue dans le chant et ne l'est pas dans une simple lecture.

La psalmodie simple n'ayant donc d'autre ornement que l'accord des voix, il faut avoir soin de s'entendre tellement que toutes les voix n'en fassent qu'une, et pour cela il faut observer très-exactement la médiante et la quantité.

DE LA PSALMODIE COMPOSÉE.

Il y a quatre choses à distinguer dans la psalmodie composée : l'*intonation*, la *teneur*, la *médiation* et la *terminaison*. Voici ce qu'il y a de particulier à retenir pour chacune de ces parties.

DE L'INTONATION.

L'*intonation* considérée dans la psalmodie, est la manière de commencer un psaume ou un cantique. Elle se fait seulement au premier verset; les versets suivants se prennent tout droit à la *dominante*, dont nous parlerons bientôt. Cependant il arrive quelquefois qu'on répète l'intonation à chaque verset dans les cantiques évangéliques *Magnificat* et *Benedictus*. On doit suivre en cela les usages de chaque église. A Paris, cela se fait aux fêtes solennelles et annuelles, et aussi toutes les fois qu'on touche l'orgue à ces mêmes cantiques, quelque soit d'ailleurs le degré de la fête.

Laudate, laudate, Dominum. Judica me, Domine, credidi.

Parmi ces intonations, les unes sont *liées*, les autres ne le sont pas. On appelle *liées* celles où la seconde note est liée avec la troisième, comme dans le premier mode ; *non liées*, celles où la seconde note est détachée de la troisième, comme dans le second mode. Il sera bon de connaître les unes et les autres, et de remarquer que si la seconde syllabe du mot est brève, on la compte pour rien dans l'intonation *liée* ; exemple, *Credidi* ; tandis qu'elle entre dans la composition de l'intonation *non liée* ; exemple, *Domine*.

Les deux vers suivants aideront à retenir quels sont les modes où l'intonation est liée, et ceux où elle est détachée.

Non ligual octavus, seu quintus, sive secundus.
Verum aliis in quinque, notas unire memento.

DE LA TENEUR.

La *teneur* est cette partie du chant qui règne depuis l'intonation faite jusqu'à la médiation, et ensuite depuis la médiation jusqu'au commencement de la terminaison. Les syllabes qui appartiennent à la teneur se font toutes sur une seule note qu'on appelle pour ce sujet la *dominante*. Chaque mode a sa *dominante* particulière ; c'est sur ces *dominantes* et non plus sur les finales qu'on établit l'unisson dans la psalmodie.

Cet unisson se prend plus haut ou plus bas, selon la portée générale des voix et le degré de la solennité.

DE LA MÉDIATION.

La *médiation* est cette modulation qui termine la première partie d'un verset et qui prépare à la médiante. Elle se fait ou par une élévation au-dessus de la dominante, ou par un abaissement au-dessous, ou enfin par les deux ensemble.

Il y a ici trois choses à observer :

1° Si la médiation commence par une note qui monte, l'élévation (à moins qu'elle ne se fasse par plusieurs notes, comme dans le second mode irrégulier) ne doit point se faire sur la dernière syllabe d'un mot, ni sur une syllabe brève ; mais alors on anticipe cette élévation sur la syllabe précédente. Si, au contraire, la médiation commence par une note qui descend et exige plus de deux syllabes, la syllabe brève et la dernière d'un mot se compteront et entreront dans la composition de la médiation.

2° Si l'avant-dernière syllabe de la première partie du verset est brève, elle n'entre point dans la formation de la médiation, elle est censée ne faire qu'une syllabe avec la suivante.

3° Si la médiation finit par un monosyllabe ou un nom hébreu non décliné, on fait un petit changement propre à chaque mode. On excepte de cette règle les cantiques évangéliques dans les modes où ils ont une médiation plus solennelle.

Voyez, sur les différents modes, le bréviaire de chaque diocèse.

DE LA TERMINAISON.

La *terminaison* est une modulation par laquelle

on finit tous les versets d'un psaume ou d'un cantique.

On distingue trois espèces de terminaisons : les unes incomplètes, qui ne vont pas jusqu'à la finale du mode; les autres complètes, qui aboutissent à la finale; les troisièmes plus que complètes, qui descendent au-dessous de la finale.

Les terminaisons se désignent dans le parisien par les sept lettres : les complètes par des majuscules, et les autres par des minuscules.

Dans le romain on les désigne toutes par des chiffres.

Il y aussi trois choses à observer par rapport à la terminaison.

Les deux premières observations ont déjà été faites.

Si la seconde partie du verset est trop courte pour la terminaison : par exemple, lorsque celle-ci exige quatre ou cinq syllabes, tandis que le demi-verset n'en a que trois, on ne prend alors que les dernières notes de la terminaison.

Manière d'imposer les antiennes.

Dans quelques diocèses, l'imposition des antiennes, et même l'intonation des autres pièces de chant, se désigne par l'addition de quelques notes. Cette addition se fait de trois manières :

1º Par circonvolution ;
2º Par intercidence ;
3º Par simple duplication.

Les exemples suivants feront comprendre en quoi consistent ces trois manières, en indiquant les cas où il faut les employer.

Nous répéterons ici en finissant, ce que nous avons dit plusieurs fois dans le cours de ce chapitre, qu'on doit se conformer aux usages de chaque diocèse, tant pour les modes réguliers que pour les psalmodies irrégulières; comme aussi pour les faux-bourdons que chaque église fait à sa manière.

Le *faux-bourdon* est une psalmodie à plusieurs voix ou instruments. Lorsqu'on chante en faux-bourdon, on ne répète l'intonation à aucun verset, même dans les cantiques évangéliques; on ne fait point de médiation particulière pour ces cantiques; dans les autres psaumes, on ne fait aucun changement à la médiation sur les monosyllabes et les mots hébreux.

DU CHANT FIGURÉ OU MESURÉ (1).

Ce chant est composé de plusieurs figures de valeurs différentes, c'est pour cela qu'on le nomme *figuré*.

La quadruple vaut deux doubles, la double deux carrées, la carrée deux brèves, la brève deux semi-brèves. D'où il suit que la quadruple vaut quatre carrées ou huit brèves, ou seize semi-brèves.

Un point placé après une de ces figures en augmente la valeur de moitié. Ainsi une double poin-

---

(1) Il y a deux manières de mesurer le chant ordinaire: dans le diocèse de Paris ont fait toutes les notes égales lorsqu'on chante en chœur avec le serpent, tandis que dans le chant romain on observe les longues et les brèves. Qu'on dise que la manière parisienne favorise davantage l'ensemble de l'exécution, que le romain a quelque chose de moins pesant; chacun peut abonder dans son sens, pourvu que dans la pratique on se conforme aux usages du diocèse où l'on se trouve.

tée vaut trois carrées; une carrée pointée vaut trois brèves ou six semi-brèves.

Toutes les notes comprises entre deux barres s'appellent une *mesure*, et elles se partagent en plus ou en moins de temps, selon que l'indique le chiffre placé au commencement du morceau.

Il y a trois mesures : la mesure à deux temps, la mesure à trois temps, et la mesure à quatre temps.

Une double remplira la mesure à deux temps, et chaque temps y sera rempli par une carrée ou l'équivalent.

La mesure à trois temps est remplie par une double pointée, ce qui donne une carrée ou l'équivalent pour chaque temps.

On se sert d'une autre mesure à trois temps qui est la moitié de celle ci, et qui par conséquent est remplie par une carrée pointée. Dans cette mesure, usitée pour les proses, on trouvera souvent deux carrées liées : il faut les considérer comme deux brèves.

La mesure à quatre temps est remplie par une quadruple; par conséquent toujours une carrée ou l'équivalent pour chaque temps.

Le silence d'une ou de plusieurs mesures se désigne en laissant une mesure blanche, et en indiquant par un chiffre placé au-dessous le nombre des mesures qu'il faudra battre sans chanter.

On peut prendre, pour s'exercer, des cantiques notés en plain-chant musical ou des motets latins. Seulement il faut bien remarquer quelles sont les figures employées dans le livre où l'on chante, car elles pourraient différer un peu de celles dont nous avons fait usage dans cette méthode.

La musique se compose de sept notes que l'on nomme en montant : *do, ré, mi, fa, sol, la, si*; et en descendant : *si, la, sol, la, mi, ré, do*. Ces notes s'écrivent sur cinq lignes horizontales dont la réunion s'appelle une *portée*.

Quand les notes montent plus haut ou descendent plus bas que les cinq lignes, on les reçoit sur de petites lignes qui alors tiennent lieu de grandes.

On distingue les notes par le moyen des *clefs*. Il y a trois clefs : la clef de *sol*, la clef d'*ut* et la clef de *fa*. La clef de *sol* se pose sur la seconde ligne; la clef d'*ut* sur les quatre premières lignes; la clef de *fa* sur la troisième et quatrième ligne.

Toutes les notes qui se trouvent sur la ligne où est posée la clef, prennent le nom de la clef, et servent à distinguer les autres notes qui se trouvent plus bas ou plus haut.

On s'attachera surtout à la connaissance des deux clefs de *sol* et de *fa* qui sont les plus importantes. Dans la musique, il y a à la fin de chaque ligne un signe destiné à indiquer quelle sera la première note de la ligne suivante. Ce signe s'appelle *guidon*.

Quand on a acquis la connaissance des notes, on commence à chanter. Lorsque l'on chante de suite les sept notes avec la répétition de la première, cela forme une *gamme* ou *octave*.

En chantant cette gamme, la voix met une différence entre le son d'*ut* et celui de *ré*, et pareillement entre les autres notes. Cette différence s'appelle *ton* lorsqu'elle est complète, et *demi ton* lorsqu'elle est incomplète. Il y a dans la gamme cinq tons et deux demi tons; tons : *do* à *ré, ré* à *mi, fa* à *sol, sol* à *la, la* à *si*; demi tons : *mi* à *fa, si* à *do*.

Cet ordre naturel peut être changé par deux accidents. Le premier est le *dièse* qui hausse d'un demi-ton la note devant laquelle il est placé; le second est le *bémol* qui baisse au contraire la note d'un demi-ton. On appelle *béquarre* le signe qui remet dans l'ordre naturel la note dièsée ou bémolisée.

Quand un dièse est placée immédiatement après la clef, il affecte toutes les notes qui se rencontrent sur la corde où il est posé; il en est de même du bémol *à la clef.*

Cet ordre s'observe invariablement dans les dièses ou les bémols qu'on met à la clef : si, par exemple, on met trois dièses à la clef, ils seront nécessairement le *fa,* l'*ut* et le *sol.*

Le double dièse et le double bémol élèvent ou baissent d'un demi-ton la note déjà affectée d'un dièse ou d'un bémol simples.

Les *intervalles* sont composés de plus ou moins de *tons.* Les principaux sont la *seconde,* la *tierce,* la *quarte,* la *quinte,* la *sixte,* la *septième* et l'*octave.*

Le plus important à connaître est la *tierce.* Celle-ci est *majeure* lorsqu'elle est composée de deux tons, comme UT-MI, FA-LA ; elle est mineure quand elle est composée d'un ton et d'un demi-ton, comme LA-UT.

La note sur laquelle on commence la gamme et de laquelle on part pour compter les intervalles s'appelle *tonique.* C'est elle qui donne le nom au *mode* dans lequel un morceau est composé.

Il y a deux modes, l'un *majeur,* l'autre *mineur.* Le mode majeur est celui dont la tierce est majeure, comme le mode naturel d'*ut* : tierce majeure *ut-mi.*

Le mode mineur est celui dont la tierce est mineure, comme le mode naturel de *la;* tierce mineure *la-ut.*

En montant la gamme mineure, on élève ordinairement la sixte et la septième ; mais en descendant, on les rétablit dans l'ordre naturel.

L'accord parfait consiste dans la réunion de la tonique, de la tierce et de la quinte.

Avant de chanter un morceau, il est bon de savoir dans quel mode est ce morceau, et de faire la gamme sur la tonique de ce mode, afin que l'oreille ayant présentes toutes les notes de la gamme, saisisse plus facilement les intervalles qui se présenteront.

Or 1º quand il n'y a rien à la clef, le morceau ne peut être qu'en *ut* majeur ou en *la* mineur.

2º Quand il y a des dièses à la clef, la tonique majeure se trouve immédiatement au-dessous du dernier dièse et la tonique mineure au-dessous du même dernier dièse.

3º Quand il y a des bémols à la clef, la tonique majeure est à la quinte au-dessus du dernier bémol, et la tonique mineure est à la tierce de ce même bémol.

Voici maintenant deux règles pour distinguer entre le mode majeur et le mode mineur.

1º Un morceau doit toujours commencer par une des notes de l'accord parfait de son mode.

2º La septième du mode mineur est ordinairement élevée d'un demi ton lorsqu'elle monte à la tonique. Application de ces deux règles à un morceau qui ne présente rien à la clef; on demande si ce morceau est en *ut* majeur ou en *la* mineur.

Application de la première règle. S'il commence par un *sol*, il est en *ut*, parce que *sol* ne fait point partie de l'accord parfait de *la*. S'il commence par *la*, il est en *la*, parce que *la* ne se trouve point dans l'accord parfait d'*ut*. S'il commence par *ut* ou par *mi*, comme ces deux notes se trouvent également dans les deux accords parfaits, il faut recourir à la seconde règle.

Application de la seconde règle. Si dès le commencement il se rencontre un *sol* diésé, le morceau est en *la*, parce que *sol* est alors la septième du mode mineur de *la*. Si au contraire le *sol* est naturel, le morceau est en *ut*, parce qu'alors *sol* est quinte naturel du mode majeur d'*ut*.

Il ne suffit pas de donner aux notes le son convenable, il faut aussi mesurer la durée de chacune selon sa figure.

Il y a sept figures de notes savoir : la ronde, la blanche, la noire, la croche, la double croche, la triple croche, la quadruple croche.

La ronde vaut deux blanches ; la blanche vaut deux noires, la noire vaut deux croches, et ainsi de suite ; de sorte que la ronde vaut quatre noires, ou huit croches, ou seize doubles croches, ou trente-deux triples croches, ou soixante-quatre quadruples croches.

Le point (.) placé après l'une de ces figures en augmente la valeur de moitié. Ainsi une ronde pointée vaut trois blanches, une blanche pointée vaut trois noires, etc...

On distingue sept figures de silence qui correspondent aux sept figures de notes. On les appelle : pause, demi pause, soupir, demi soupir, quart de soupir, demi quart de soupir, seizième de soupir. La pause vaut une ronde la demi pause une blanche, etc...

Le point se place de même après les figures de silence.

On emploie le plus souvent la pause pour désigner l'étendue d'une mesure quelconque.

Une mesure se forme de toutes les notes comprises entre deux barres, ces notes se partagent en plus ou moins de *temos*.

Il y a trois sortes principales de mesures : la mesure à deux temps, la mesure à trois temps et la mesure à quatre temps.

Il faut une ronde pour remplir la mesure à deux temps ; par conséquent chaque temps y sera rempli par une blanche ou l'équivalant d'une blanche. Cette mesure se marque par un 2.

Pour remplir la mesure à trois temps il faut une blanche pointée ; chaque temps sera rempli par une noire, ou équivalent. Cette mesure se marque par 3 ou 3/4.

La mesure à quatre temps se remplit par une ronde ; et chaque temps y est rempli par une noire ou équivalent. Cette mesure est désignée par un C.

Quand plusieurs croches de suite ne sont pas sur des syllabes différentes, on les unit ensemble.

Nous avons parlé jusqu'ici des mesures *simples*. Les mesures *composées* s'appellent ainsi parce qu'elles se désignent par deux chiffres. Les mesures à 2/4 et à 6/8 se battent à 2 temps ; les mesures à 3/4 et à 3/8 se battent à 3 temps ; les mesures à 12/4 et à 12/8, à 4 temps. Si l'on veut savoir ce qu'il faut pour remplir chacune de ces mesures, il suffit de se rappeler que le chiffre supérieur indique la quantité des notes qui devront y entrer, et le chiffre inférieur la qualité de ces mêmes notes comparativement à la ronde. Ainsi dans la mesure à 2/4 le chiffre 4 indique le triple quart d'une ronde, c'est-à-dire une noire, en sorte que c'est comme si l'on disait : la mesure à deux noires. De même la mesure à 6/8, à six croches ; et ainsi des autres.

Quand on rencontre trois croches ou doubles croches surmontées du chiffre 3, il faut les passer comme s'il n'y en avait que deux et pour cela il est nécessaire de les chanter un peu plus vite que les croches ordinaires. On les appelle *triolets*. Quelquefois on réunit deux triolets avec le chiffre 6.

On appelle *syncope* la note qui commence sur un temps pair et qui se termine sur un temps impair.

On ne met point ici d'exercices ; ceux qui seront familiarisés avec ces principes pourront étudier dans les solféges.

DÉFINITIONS DIVERSES.

CANTIQUE.

Hymne que l'on chante en l'honneur de la divinité.

Les premiers et les plus anciens cantiques furent composés à l'occasion de quelque événement mémorable, et doivent être comptés entre les plus anciens monuments historiques.

Ces cantiques étaient chantés par des chœurs de musique, et souvent accompagnés de danses, comme il paraît par l'Ecriture. La plus grande pièce qu'elle nous offre en ce genre, est le *Cantique des Cantiques*, ouvrage attribué à Salomon, et que quelques auteurs prétendent n'être que l'épithalame de son mariage avec la fille du roi d'Egypte. Mais les théologiens montrent, sous cet emblème, l'union de Jésus-Christ et de l'Eglise. Le sieur de Cahusac ne voyait, dans le *Cantique des Cantiques*, qu'un opéra très bien fait ; les scènes, les récits, les duos, les chœurs, rien n'y manquait, selon lui, et il ne doutait pas même que cet opéra n'eût été représenté.

CAVATINE.

Sorte d'air pour l'ordinaire assez court qui n'a ni reprise ni seconde partie, et qui se trouve souvent dans des récitatifs obligés. Ce changement subit du récitatif au chant mesuré, et le retour inattendu du chant mesuré au récitatif, produisent un effet admirable dans les grandes expressions, comme sont toujours celles du récitatif obligé.

CHANTERELLE.

On appelle chanterelle celle des cordes du violon et des instruments semblables qui a le son le plus aigu. On dit d'une symphonie qu'elle ne quitte pas la chanterelle, lorsqu'elle ne roule qu'entre les sons de cette corde et ceux qui lui sont les plus voisins, comme font presque toutes les parties de violon des opéras de Lully et des symphonies de son temps.

CHEVROTER.

C'est, au lieu de battre nettement et alternativement du gosier les deux sons qui forment la cadence ou le trille, en battre un seul à coups précipités, comme plusieurs doubles-croches détachées à l'unisson; ce qui se fait en forçant du poumon l'air contre la glotte fermée, qui sert alors de soupape; en sorte qu'elle s'ouvre par secousses pour livrer passage à cet air, et se referme à chaque instant par une mécanique semblable à celle du tremblant de l'orgue. Le chevrotement est la désagréable ressource de ceux qui n'ayant aucun trille, en cherchent l'imitation grossière; mais l'oreille ne peut supporter cette substitution, et un seul chevrotement au milieu du plus beau chant, suffit pour le rendre insupportable et ridicule.

CHOEUR.

Morceau d'harmonie complète à quatre parties ou

plus, chanté à la fois par toutes les voix, et joué par tout l'orchestre. On cherche dans les chœurs un bruit agréable et harmonieux qui charme et remplisse l'oreille. Un beau chœur est le chef-d'œuvre d'un commençant, et c'est donc par ce genre d'ouvrage qu'il se montre suffisamment instruit de toutes les règles de l'harmonie.

CHORUS.

C'est répéter en chœur, à l'unisson, ce qui vient d'être chanté à voix seule.

CHROMATIQUE.

Genre de musique qui procède par plusieurs demi-tons consécutifs. Ce mot vient d'un mot grec qui signifie couleur, soit parce que les Grecs marquaient ce genre par des caractères rouges ou diversement colorés ; soit, disent les auteurs, parce que le genre chromatique est moyen entre les deux autres, comme la couleur est moyenne entre le blanc ou le noir ; ou, selon d'autres, parce que ce genre varie et embellit le diatonique par ses semitons, qui font dans la musique le même effet que la variété des couleurs fait dans la peinture.

CLEF.

Caractère de musique qui se met au commencement d'une portée pour déterminer le degré d'élévation de cette portée dans le clavier général, et indiquer les noms de toutes les notes qu'elle contient dans la ligne de cette clef.

COMPOSÉ.

Ce mot a trois sens en musique : deux par rapport aux intervalles, et un par rapport à la mesure.

1º Tout intervalle qui passe l'étendue de l'octave est un intervalle composé, parce qu'en retranchant l'octave, il simplifie l'intervalle sans le changer. Ainsi la neuvième, la dixième, la douzième, sont des invalles composés; le premier, de la seconde et de l'octave; le deuxième, de la tierce et de l'octave; le troisième, de la quinte et de l'octave, etc.

2º Tout intervalle qu'on peut diviser musicalement en deux intervalles, peut encore être considéré comme composé. Ainsi, la quinte est composée de deux tierces; la tierce de deux secondes; la seconde majeure, de deux semi-tons; mais le semi-ton n'est point composé, parce qu'on ne peut plus le diviser sur le clavier ni par notes. C'est le sens du discours qui, des deux précédentes acceptions, doit déterminer celle selon laquelle un intervalle est dit composé.

3º On appelle mesures composées toutes celles qui sont désignées par deux chiffres.

CONCERTO.

Mot italien francisé, qui signifie généralement une symphonie faite pour être exécutée par tout un orchestre; mais on appelle plus particulièrement concerto un pièce faite pour quelque instrument particulier, qui joue seul de temps en temps avec un simple accompagnement, après un commencement en grand orchestre; et la pièce continue ainsi alternativement entre le même instrument récitant et l'orchestre en chœur.

CONSONNANCE.

C'est, selon l'étymologie du mot, l'effet de deux

ou plusieurs sons entendus à la fois; mais on restreint communément la signification de ce terme aux intervalles formés par deux sons dont l'accord plaît à l'oreille. De cette infinité d'intervalles qui peuvent diviser les sons, il n'y en a qu'un très petit nombre qui fassent des consonnances; tous les autres choquent l'oreille, et sont appelés pour cela dissonances. Ce n'est pas que plusieurs de celles-ci ne soient employées dans l'harmonie; mais elles ne le sont qu'avec des précautions dont les consonnances, toujours agréables par elles-mêmes, n'ont pas également besoin.

CONTRE-TEMPS.

Une mesure à contre-temps est celle où l'on pose sur le temps faible, où l'on glisse sur le temps fort, et où le chant semble être en contre-sens avec la mesure.

FIN.

TABLE

	Pages.
CHAP. Ier. — Du piano.	5
Les pianistes.	6
CHAP. II. — Manière de connaître les notes sur le clavier du piano.	15
De la position du corps devant le piano.	16
De la position de la main.	16
De la manière d'étudier le piano.	16
Des signes et mots usités.	17
CHAP. III.	20
De la nomenclature du plain-chant.	21
Pratique de ce chapitre.	22
Observations sur l'utilité des clefs.	23
Remarques historiques sur tout ce chapitre.	24
De l'intonation du plain-chant.	26
Des sons.	28
Du ton proprement dit.	28
De la gamme et des sons qui s'y rencontrent.	29
Des accidents.	30

	Pages.
Note historique sur le bémol, le bécarre et le dièse.	31
Des intervalles, et des tons dont ils sont composés.	32
Des modes.	34
Division primitive des modes.	35
Tableau des douze modes anciens.	36
Division actuelle des modes.	37
De la psalmodie.	43
De la psalmodie simple.	45
De la psalmodie composée.	45
De l'intonation.	45
De la teneur.	46
De la médiation.	47
De la terminaison.	47
Manière d'imposer les antiennes.	48
Du chant figuré ou mesuré.	49
Définitions diverses.	56

FIN DE LA TABLE.

www.ingramcontent.com/pod-product-compliance
Lightning Source LLC
LaVergne TN
LVHW021734080426
835510LV00010B/1263